DATE DUE

¿Tienes miedo?

al valor

¡Alarma!

¿Tienes miedo a menudo? A veces, tener un poco de miedo es bueno. Imagínate que no tuviéramos miedo da nada. Veríamos un agujero en el suelo u meteríamos la mano sin pensarlo do veces. Peo el miedo es como una alarma que nos avisa: ¡Eh! ¡Ten cuidado, que puede haber una araña venenosa! Nos hace actuar con precaución y de ese modo no nos pasa nada.

2

A veces la alarma no funciona bien y tenemos miedo de cosas que no representan ningún peligro, como por ejemplo, una mosca. Entonces el miedo ya no es bueno, porque sa hace tan grande que no nos deja hacer nada.

3

Tengo miedo de...

Su puede tener miedo del dentista, de coches, serpientes, lápices y monstruos, de la montaña rusa, de tormentas, chicles, oscuridad, perros y hasta de ir a la peluquería, de gafas, ratas, arañas, extraterrestres, mosquitos, música, ruido, relámpagos y tambien de algunas personas... ¡y de cualquier otra cosa que puedas imaginar! Pero seguro que en esta lista hubo varios miedos que hicieron reír, ¿verdad?

4

¡No veo nada!

Se ha fundido la luz del pasillo y tú te mueres por ir al baño. Quisieras pedir a alguien que te acompañe, pero no hay cerca. Miras el camino que has de recorrer ¡y te parece larguísimo! Pero no te preocupes, puedes usar una linterna e imaginar que estás explorando ¡el pasillo de tu casa se puede convertir en un túnel fantástico!

6

Es normal que tengas un poco miedo
en la oscuridad porque no puedes
er nada, pero si aprendes a jugar
en ella, verás que es muy divertido.
¡Ánimo y adelante!

Qué tormenta!

Ves un relámpago en el cielo y enseguida ¡brrruummm!, se oye un trueno que hace muchísimo ruido. No sabes por qué, pero cada vez que hay tormenta tienes mucho miedo. Todo el mundo te dice que no debes temer las tormentas, ¡pero a ti te parece que el cielo se está rompiendo! Si por ti fuera, nunca habría tormentas.

8

¿Por qué no haces la prueba de mirar una tormenta por la ventana mientras te tapas las orejas? Cuando logres mirarlas sin sustos, verás que son maravillosas.

Animales peligrosos, animales inofensivos

Es normal que algunos animales nos den miedo porque son peligrosos, como los leones, las serpientes o las avispas. Pero hay otros animales que no hacen nada, como los gatitos recién nacidos, así que acércate sin miedo: si los acaricias, verás que parecen bolitas de algodón.

¡Pero no te pases de valiente! Debes tener mucho cuidado con los animales que no conoces, porque algunos tienen muy mal genio. Recuerda que a veces va muy bien tener un poco de miedo.

11

¡Al médico, no!

aaah

El médico te toca la barriga con las manos frías, te pone un palo en la boca y te hace decir "aaaaah", y a veces incluso te pincha para ponerte una inyección. ¡Pero no es para tanto!

Mírale la nariz, o el color del pelo, o fíjate si tiene pecas en la cara. Si te distraes, te sentirás más tranquila mientras él te cuida para que estés fuerte y sana. Y si le cuentas lo que te da miedo, el médico será más cuidadoso, amable y cariñoso.

13

Pesadillas

Te vas a la cama muy cansado y después de dormir un rato—¡ay!—una pesadilla horrible. Te despiertas de golpe, temblando de miedo. Necesitas que alguien te abrace y te proteja. Poco a poco te vas tranquilizando y finalmente te vuelves a quedar dormido, pero ahora sí que tienes un sueño muy bonito.

14

Las pesadillas dan mucho miedo, pero sólo
son sueños y cuando te despiertas desaparecen.
No les hagas mucho caso, son antipáticas y eso
estodo.

15

¡Al agua!

¿Te dan miedo los lagos, los ríos, el mar, la piscina o cualquier otro lugar que tenga mucha agua? ¿O tal vez tienes miedo de los animales que te imaginas que hay debajo del agua? ¡Pero si ellos tienen más miedo que tú! La mejor manera de perder el miedo al agua es metiéndote en ella poco a poco.

16

Después de un tiempo, podrás ser una gran nadadora, o una gran navegante, o quién sabe, ¡incluso una submarinista!

17

¡No me dejes!

Hoy la madre de Carlos se enfadó muchísimo. Se puso a gritar y dijo que iba a salir porque no aguantaba más. Carlos se quedó con su papá ... y se puso muy triste. Tiene miedo que algún día sus padres se vayan y no vuelvan por mucho tiempo.

18

A veces los padres tienen que estar fuera de casa muchas horas ... o hasta unas semanas. Pero aunque estén lejos, siempre piensan en ti. ¡No te olvidan nunca!

19

Monstruos

¿Es una cosa mucho pelo, sin nada de pelo, o es un fantasma? ¡Ayayay! Sea lo que sea, da mucho miedo. Es un monstruo que se esconde por los rincones, en la oscuridad, en las pesadillas, debajo del agua. Es un monstruo terrible, peor que cualquier otro. ¡Es el monstruo de tu imaginación!

A veces la imaginación te gasta bromas pesadas y te hace pensar en monstruos horribles, pero no les hagas caso, porque no te pueden hacer nada.

¡No puedo hablar!

¿Qué prefieres, estar en una habitación a oscuras o en un cuarto con personas que no conoces? A veces parece que da más miedo estar con gente desconocida, ¿verdad? Es como si las palabras no quisieran salir, nos quedamos mudos, no sabemos dónde mirar y nos gustaría desaparecer.

Tal vez todo el miedo
que sentimos por
dentro podría salir
si dijéramos algo,
como por ejemplo,
"Hola, me llamo
Marta," o ... ¿qué
más podríamos
decir?

23

Ruidos horribles

Ya empezó la fiesta y no hay fiesta sin ruido. Cuando menos te lo esperas, ¡bumm! explota un globo. ¡Y a ti te dan pánico los globos, los truenos, los petardos y la música demasiado fuerte ...! El ruido te da tanto miedo que cuando ves un globo, ¡sales corriendo!

¡Bumm!

¿No te gustaría, sin embargo, sentir ruidos fuertes sin saltar como un canguro de puro susto? ¿Y si, para comenzar, tratas de acostumbrarte a los ruidos más pequeños? ¡Podría ser divertido!

RRRR

SBRROINGH

25

ROOF

¡Me caí!

Te caíst y se raspó tu rodilla. ¡Está sangrando! Es normal que te asustes cuando sangras, pero debes ser valiente y tranquilizarte mientras los mayores te curan. Para distraerte, puedes pensar en cosas que sean del color de la sangre, como tomates, rosas, fresas ...

El dolor que sientes es bueno porque
te avisa que debes tener cuidado
con la herida hasta que esté
curada. De ese modo prestarás
más atención y no te
darás golpes.

¡Fuera miedos!

No tengas miedo de tener miedo, ya verás que poco a poco se va haciendo cada vez más pequeño hasta que acaba por desaparecer. Pero no lo pierdas del todo: siempre hace falta un poquito de miedo.

Y sobre todo, no te rías nunca de otros niños y niñas que tienen miedo. Piensa que hay muchísimas cosas que pueden dar miedo, del mismo modo que hay muchas cosas diferentes que nos hacen felices. ¿Cuántos miedos puedes tú encontrar?

29

Actividades

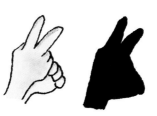

Sombras chinescas

¿Has intentado alguna vez adivinar qué es una sombra? Sólo necesitas un foco de luz, una habitación a oscuras y un poco de imaginación. Si colocas las manos delante de una luz enfocada a la pared, podrás hacer la silueta de cosas o animales que conozcas. Al principio te pueden ayudar tus padres, ¡pero después deberás tú usar la imaginación!

El tesoro escondido

Cuando venga algún amigo a tu casa, pueden jagar a esconder un tesoro en tu habitación. El juejo consiste en encontrar el tesoro con la habitación a oscuras, porque si hay mucha luz, ¡entonces sería muy fácil encontrarlo! A principio deja la puerta un poquito abierta para que puedas ver algo, pero cuando ya seas un experto buscador de tesoros, serás capaz de encontrarlos aunque no veas nada. Un consejo: es mejor que metas el tesoro dentro de una caja más o menos grande, porque si es demasiado pequeña, tal vez no puedas encontrarlo.

La tormenta: ¡vamos a contar!

¿Te has fijado alguna vez en los relámpagos y los truenos? Primero se ve el relámpago y más tarde se oye el trueno: ¡brrummmmm! Pues si cuentas el tiempo que pasa entre el relámpago y el trueno, podrás saber si la tormenta se acerca o se aleja. Cuando veas el primer relámpago, comienza a contar—1, 2, 3—hasta que oigas el trueno. Espera a ver el relámpago siguiente y vuelve a contar—1, 2, 3. ¿Has contado más que antes? Si el trueno ha tardado más en sonar, eso quiere decir que la tormenta se aleja, pero si ha tardado menos, significa que se acerca. ¿Verdad que es emocionante saber hacia dónde va? Si todavía no sabes contar muy bien, pídele a tus padres que te ayuden. Además, cuando papá y mamá están cerca, las tormentas no parecen tan terribles, ¿no crees?

Juego en el agua

Toma tres piedrecitas de distinto color y tíralas dentro de una piscina, un poco separadas entre sí. E juego consiste en recoger las tres piedrecitas en el menor tiempo posible. Al principio, cuando todavía no tienes mucha práctica, es mejor jugar en un lugar que tenga muy poca agua, de modo que puedas recoger las piedras con los dedos de los pies. Luego lo intentas varias veces con la mano y cuando ya sepas jugar mejor, lo puedes hacer buceando debajo del agua. ¡Serás entonces un experto submarinista! Pero nunca olvides que debe haber a tu lado un adulto para cuidarte.

Juguemos a ser médicos

¿Has visto alguna vez cómo curan los médicos? Tú también lo puedes hacer, pero jugando. Necesitarás vendas, exparadrapo, algodón y un juego de médicos. Si no lo tienes, pide que te lo regalen para tu próximo cumpleanõs. Puedes imaginar que hay una herida que debe ser vendoda. ¿Verdad que vendar una herida es más difícil de lo que parecía? Y también es difícil hacer que el paciente esté quieto, porque siempre se mueve más de lo que tú quisieras.

Y ahora, ¡a dibujar!

¿Hay algún animal que te dé miedo? ¿Cómo tendría que ser ese animal para que no te diera miedo? Imagínate, por ejemplo, ¡un tiburón! Si no tuviera tantos dientes y comiera algas, no daría nada de miedo? ¿verdad? Sería como una vaca de mar, comiendo algas todo el día. A ver, dibuja un animal o alguna otra cosa que te da miedo, pero dibújalo de tal modo que no te asuste para nada.

Guía de los Padres

¡Alarma!

El miedo es una reacción natural cuando nos encontramos en situaciones que pueden resultar peligrosas. La transpiración, el aumento del ritmo cardíaco y respiratorio, la tensión muscular, etc. nos preparan para reaccionar ante una situación inesperada. Cuando los niños sienten miedo o temor por alguna cosa, reaccionan llorando o gritando para llamar la atención de los adultos, quienes se encargan de hacer frente a cualquier amenaza. La reacción de los adultos es muy importante para los niños, ya que es el modelo a seguir en el futuro. Por ejemplo, si están asustados por un trueno pero ven a los adultos tranquilos e incluso bromeando, comprenden que no están en peligro porque los adultos no demuestran temor. Por eso, debemos enseñarles que deben enfrentar situaciones peligrosas con una prudencia que sea proporcional a la realidad del peligro.

34

Lista de miedos

Cada niño es único. Por eso, las cosas que dan miedo y la edad a la que cada miedo se manifiesta varían mucho de un niño a otro, incluso de una cultura o ámbito social a otro. Aun así, existen ciertas pautas muy generales entre la edad y la aparición de determinados miedos. La lista siguiente puede servir de guía:

– Hasta la edad de un año, los bebés tienen miedo a los estímulos intensos y a todo lo desconocido, como las personas. El miedo a gente desconocida generalmente disminuye hacia el año y medio de edad.

– Entre los dos y cuatro años aparece el miedo a tormentas, animales y catástrofes. También suele ser la edad en que los niños comienzan a tener miedo de la oscuridad, miedo que normalmente desaparece hacia los nueve años.

– Entre los cuatro y seis años aparece el miedo a los monstruos imaginarios, como las brujas y los fantasmas, y a quedar separado de los padres.

– Entre los nueve y doce años se desarrolla el temor relacionado con cosas cotidianas tales como accidentes, enfermedades, conflictos con los padres, fracaso escolar, etc.

Qué podemos hacer para prevenir el miedo

Es muy importante vigilar nuestro comportamiento delante de los niños, ya que éste representa el primer modelo que ellos conocen. Ante un peligro real hay que educarlos para que sean prudentes, pero evitar la sobreprotección. El aprendizaje puede implicar cierto grado de temor, como lo es conocer gente nueva, acercarse a un animal desconocido, subir escaleras especialmente atlas. Ante cualquier situación desconocida, el niño puede sentir un poco de miedo, pero al enfrentarse a ese temor aprende y progresa.

Por otro lado, es muy importante no utilizar el miedo como herramienta educativa—amenazar a un niño con un monstruo que vendrá si no se porta bien, encerrarlo en una habitación a oscuras y otros actos de este tipo.

Lo que no debemos hacer ante el miedo

Cuando el niño se siente atemorizado, debemos evitar reirnos de él o de su manifestación de miedo. Debemos eliminar el drama, pero no olvidar que el niño está pasando un mal rato. No debemos compararlo con otros niños que no tienen miedo ni hablar delante de otros sobre sus miedos. Tampoco debemos obligarlo a enfrentarse de forma brusca con aquello que teme, ni amenazarlo ni recordarle su miedo. No tenemos que darle una importancia excesiva al miedo infantil, pero sí respetar lo que el niño siente y evitar ridiculizarlo en persona o delante de otros.

Cuando el miedo crece demasiado

A veces es difícil para los padres establecer cuándo un miedo infantil requiere alguna forma de terapia. Las reacciones de los niños pueden ser tan intensas que sugieren la presencia de una fobia. Para diagnosticar si un miedo se ha convertido en fobia, hay que tomar en cuenta la edad del niño y la duración del temor. En caso de duda, si se nota que el niño padece y que el temor afecta su vida cotidiana, debiera buscarse asesoramiento profesional.

Conclusión

Sentir miedo ante diferentes estímulos forma parte de los sentimientos humanos, con independencia de la edad que tengamos. Aprender a superar el miedo es una capacidad que el niño puede comenzar a elaborar desde muy pequeño. Mientras mayor sea la comprensión y confianza que tengamos hacia él (y él hacia nosotros), más fácil le resultará enfretarse a lo que le da miedo. Semejante actitud seguirá siendo útil cuando el niño llegue a sue vida adulta, pues no se trata sólo de ayudarle a superar sus temores sino también de desarrollar estrategias para que él aprenda a hacerlo por cuenta propia.

35

Barron's Educational Series, Inc. tiene los
derechos exclusivos para distribuir esta edición
en Estados Unidos de Norteamérica y Canadá

¿TIENES MIEDO? DEL TEMOR AL VALOR
Titulo original del libro en Catalán:
DEL MÉS PORUC AL MÉS VALENT
© Copyright GEMSER PUBLICATIONS S.L., 2002
Barcelona, Spain (World Rights)
Texto: Núria Roca
Illustraciónes: Rosa Maria Curto

Dirigir toda consulta a:
Barron's Educational Series, Inc.
250 Wireless Boulevard
Hauppauge, New York 11788
http://www.barronseduc.com

Número Internacional de Libro:
0-7641-2098-0

Número de Catálogo de la Biblioteca de
Congreso de EUA: 2001094050

Impreso en España
9 8 7 6 5 4 3 2 1

Otros títulos de esta colección:

• *TU CUERPO, de la cabeza a los pies*

• *LA FAMILIA, del pequeño al mayor*

• *SENTIMIENTOS, de la tristeza a la felicidad*

• *TUS AMIGOS, de los amigos de antes a los amigos de ahora*